SECONDE LETTRE

DE

LA GIRAFE

AU PACHA D'ÉGYPTE,

EN LUI ENVOYANT SON ALBUM ENRICHI DES DERNIÈRES NOIRCEURS
DE LA CENSURE.

> Après tout, mon ami, le public ne se trompe
> guère. Il loue quand on fait bien; et, comme
> il a bon nez, il n'est pas long-temps la dupe, et
> blâme quand on fait le mal.
> (Madame de Sévigné à Bussy Rabutin, t. II.)

PARIS,

A. SAUTELET ET Cᵉ, LIBRAIRES,

PLACE DE LA BOURSE.

Mercredi, 8 août 1827.

TABLE DES MATIÈRES.

On annonce pour paraître du 12 au 15 août :

Une CINQUIÈME LETTRE A M. LE RÉDACTEUR DU JOURNAL DES DÉBATS, SUR LA SUITE DES AFFAIRES PUBLIQUES, par N. A. de Salvandy,

Et UN ÉCRIT DE M. HYDE DE NEUVILLE SUR LE MÊME SUJET.

SECONDE LETTRE

DE

LA GIRAFE

AU PACHA D'ÉGYPTE.

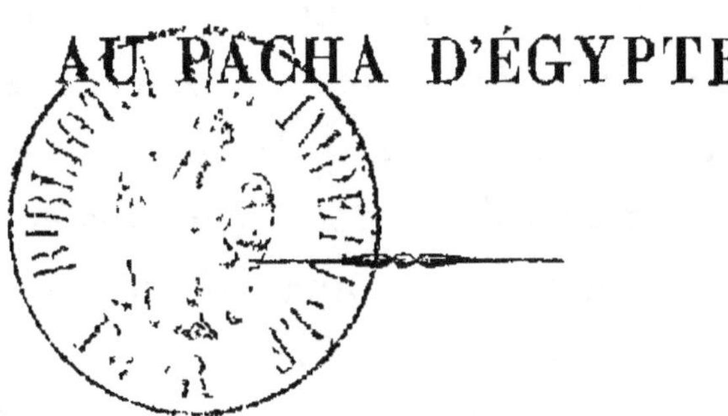

Du Palais des bêtes, ou Ménagerie royale,
le 8 août 1827.

BON PRINCE,

Je commence à voir clair dans les affaires de ces gens-ci. Ils sont bien loin d'être aussi bornés que je pensais. Ils ne sont pas même aussi abandonnés de Dieu et des hommes. Car ils ont du monde avec eux, ce dont je ne me doutais guère, et ils ont un système, ce dont je me doutais moins encore. Mais ces grands hommes n'ont pas la main heureuse, et les plus beaux plans échouent, quand c'est leur génie qui s'applique à les mettre en œuvre. Tout leur tourne à mal ainsi que vous allez voir, par une inexplicable fatalité.

Ainsi, la France avait une douzaine de journaux ; le ministère en a acheté le tiers à force d'or. On assure que ces entreprises ont singulièrement écorné quelques budgets. M. de La Bouillerie perd son latin à combler les déficits qu'il découvre. Les fonds destinés aux sciences, aux lettres, aux théâtres, aux arts, ont été sacrifiés, sans réserve aucune, à l'art sublime de tourner les consciences, de les miner, de les abattre, de forcer les gazettes comme les dieux forçaient Danaé. Ces grandes victoires consommées, qu'est-il advenu ? La France s'est entêtée à lire les journaux libres, à repousser ceux qui ne l'étaient pas, et le tiers des feuilles vivantes a compté un peu plus des quatre-vingt-dix-neuf centièmes des lecteurs ! Le ministère s'est trouvé avoir fait leur fortune. Ainsi tournent quelquefois les choses humaines.

Cet état de choses était intolérable. Il y avait là une sorte de sédition des esprits qui échappait à tous les réseaux des lois, qu'on ne pouvait ni saisir, ni frapper, contre laquelle les avocats-généraux ébréchèrent cent fois le glaive de la justice. Les chambres alors furent long-temps occupées des moyens d'extirper le mal. Il était question d'avoir un gendarme auprès de chaque Français pour l'obliger à dévorer la politique officielle. Ce système n'allait à rien moins qu'à prier les

Kalmouks et les Baskirs de vouloir bien revenir faire les fonctions de garnisaires et apprendre notre pays à bien penser, ou du moins à bien lire. M. de Villèle a craint peut-être que le 3 pour 100 ne souffrît de cet expédient onéreux ; ses entrailles de père se seront émues, et une combinaison admirable a été inventée. On a résolu de faire si bien qu'il n'y eût plus de journaux libres que ceux de la police. La censure a donc été proclamée ; puisque la France veut, à toute force, de la liberté, on devait croire qu'elle irait là où restait son idole, qu'elle fuirait les journaux chargés des stygmates de l'esclavage. Hé bien, point : elle s'est entêtée à repousser loin d'elle les feuilles de la trésorerie, toutes libres, indépendantes, altières qu'elles fussent, et les gazettes asservies n'ont pas perdu un abonné.

Ceci était au-dessus de la prévoyance humaine. rien ne prouve mieux combien sont passionnés et ingouvernables les Français d'aujourd'hui. Ils se sont évidemment établis en taquinerie et, pour trancher le mot, en rébellion contre le ministère.

Je dois le reconnaître : ce ministère est prodigieux ; ses combinaisons sont variées et infinies, comme ses désastres. Vous avez ouï parler, bon Prince, de ce père de la fable qui mangeait ses fils, même quand ce n'était que de durs cailloux.

(4)

Ainsi a fait le cabinet. Il a immolé ses propres enfans, sans miséricorde. On a vu s'évanouir un matin tous ces journaux, dont la France s'obstinait à ne vouloir pas, quoiqu'elle les eût achetés, Dieu merci, fort cher ; et cette suppression avait l'inconvénient de montrer l'usage et le cas qu'on fait des deniers publics. Mais il y avait un grand avantage, celui de fortifier les lignes ministérielles en les resserrant. M. de Villèle, habile capitaine, a réuni son armée, dans son antichambre, autour d'un tapis vert. Il a établi un syndicat de beaux esprits pour la polémique, comme il en avait un d'épais financiers pour l'agiotage ; et ayant sous la main un brelan de fortes têtes, de fortes consciences, de fortes plumes, il joue cartes sur table contre la France enchaînée. Ce brelan se compose des noms les plus illustres du pays. Ce sont les honorables MM. Linguay, Bénaben, Sauvo, Moreau !!!! Là est la force du ministère et sa vertu ! là est son esprit et sa gloire ! là M. Linguay préside. Vingt-quatre mille francs, dit-on, sont l'escompte fixe de son labeur et de sa renommée. Dix-huit mille francs forment les honoraires de ses collègues ; et on accusera le cabinet d'être hostile aux écrivains supérieurs, de ne pas encourager le génie, quand il partage entre ces quatre publicistes respectés la contribution de quarante villages !

Les censeurs, qui sont loin de ces collaborateurs du cabinet, comme l'ouvrier aux mines et le tailleur de pierres sont loin des Phidias et des Canova; les censeurs ont neuf mille francs d'appointemens : c'est la retraite de deux généraux chargés de victoires. N'oublions pas que l'avenir est fertile en gratifications ignorées, en salaires imprévus. Les serviteurs du ministère ont tous droit au tour du bâton.

Cette digression m'a quelque peu entraînée. Je voulais faire voir à votre altesse quelle conception habile avait assuré aux survivanciers de l'armée ministérielle tout l'esprit de chacun de leurs prédécesseurs abattus. Les colonnes du Moniteur se sont trouvées ainsi éclatantes de lumières. C'était une illumination qui rappelait celle de Paris, et en surpassait l'éclat. Toutefois, quatre cent mille citoyens ne se sont pas pressés pour en jouir, et le Moniteur a brillé, il s'est éteint, inaperçu comme le lampion du désert.

Cependant, rien n'était négligé de ce qui peut assurer un succès. Le ministère connaît la sublime destination de la parole dans ce monde : il sait qu'elle a été donnée à l'homme pour mentir à ses semblables, et le monologue ministériel a paru vouloir en remontrer sous ce rapport au genre humain. Il s'est mis à crier vingt fois, presse libre,

d'un façon joviale , à célébrer la Charte constitu-
tionnelle et ses bienfaits, à dire, avec cette grâce de
persiflage qu'aimaient les Français autrefois , qu'il
y avait un prodigieux surcroît de liberté , depuis
que M. de Lourdoueix possède avec M. de Frénilly
la liberté de contrôler les pensers d'autrui , et M. le
duc d'Aumont celle de détruire Feydeau sans
contrôle. Aujourd'hui encore , le Moniteur se ra-
nime pour déclarer que la constitution portugaise
va recevoir un complément inespéré dans le retour de l'infant don Miguel , qu'elle va s'enrichir
des sermens de ce prince , comme la Charte française s'est enrichie de la censure, que voici l'ère
de ses prospérités ouvertes , qu'elle ne connaîtra
plus d'orages,.......... apparemment parce qu'on
chantera sur elle le *Requiescat in pace!* Tout cela
est charmant de rouerie et de sagacité ! Il y a de
quoi émerveiller le monde ainsi que la France. Cet
atticisme de l'arbitraire , cette hardiesse de l'imposture, tout ce mélange de grâce et de courage
promettaient une riche moisson de succès ! et la
France fait toujours la sourde oreille. Elle paie
sur son budget ces dispendieuses railleries , et fait
comme l'Europe : elle ne les lit pas.

Sort cruel pourtant que de réunir les vertus et
les gaietés de la tyrannie, sans en avoir les profits!
En ce genre , voici qui est pis que tout.

La censure était indispensable par toutes les bonnes raisons que j'ai déjà mises aux pieds de votre altesse, et pour celle-ci encore, que la France faisait un bruit importun. On ne se serait bientôt plus entendu en Europe ; les ministres étaient tellement abasourdis qu'on pouvait craindre que, d'ennui ou de fatigue, ils ne se démissent des rênes de l'empire afin de vivre en paix. Imaginez qu'on ne leur laissait pas tranquillement déplacer les héritages, supprimer les imprimeries, asseoir des impôts par des traités, spéculer sur les jeux dans l'intérêt de la fortune publique, bouleverser les théâtres, régler les budgets des directeurs de spectacles par ordonnances, chercher noise à la ville de Paris quand bon leur semblait. C'étaient enfin des cris de paon pour chacune de leurs fantaisies. Des gens qui prennent la peine d'administrer deux ou trois milliards, celui des dépenses locales, celui du trésor de l'État, celui de l'indemnité, ne pouvaient accepter pour récompense cet effroyable tintamare. Qu'ont-ils fait? ils ont commandé le silence : depuis lors, le bruit a redoublé. C'est que ce pays-ci est un monstre à deux têtes, et ils n'en ont bâillonné qu'une; l'autre reste libre. Leur petite main ne pouvait à la fois museler ces grandes bouches. Il aurait fallu, pour obtenir ce succès, faire une loi, attendre l'hiver, souffrir patiemment quelque temps encore pour se prévaloir des mérites de cette patience magnanime et obtenir une plus sûre victoire. Ils n'ont pensé à tout cela que le lendemain.

Qui pense à tout? Après l'événement la critique est aisée. Mais comment se douter que ce pays qui lisait depuis quatre ans voudrait lire encore; que les écrivains qui vendaient leurs livres se mettraient à les donner; qu'environ cent mille publications gratuites par semaine iraient entretenir les provinces ébahies des ennuis de ce bruyant silence, et des vexations de cette tyrannie débonnaire; que dans toutes les villes se formeraient des associations dévouées à la propagation de toutes les doléances de la France au secret, de sorte qu'il y aurait plus d'écrits indépendans sous la censure, plus de lecteurs passionnés qu'avant, et qu'on joindrait l'odieux de l'oppression au vacarme de la liberté?

Vous ne sauriez croire, bon prince, avec quelle perspicacité ingénieuse et profonde les ministres aperçoivent tous ces maux depuis qu'ils sont accomplis et irrévocables. M. le comte de Corbière passe les journées à chercher des conceptions nouvelles dans la large tabatière et sous le mouchoir rouge dont il salit de temps à autre la table royale : « Jeannot, mon ami, s'écrie-t-il douloureusement, tu vas quitter le ministère, auquel tu tiens si peu; » et le comte de Villèle lui répond : « Oui dà, vous croyez donc que je risque sérieusement d'être débusqué du ministère auquel je tiens tant ! »

Peut-être demandera-t-on pourquoi tous ces périls n'ont pas été découverts plus tôt. Pourquoi? c'est que le Janus de ces grands politiques n'a qu'un visage, celui qui regarde le temps écoulé. Ils nourrissent des souvenirs, comme le genre humain forme des conjectures et des désirs. Chez eux, la place de l'Espérance est remplie par le regret. Dès-lors ils ne peuvent prévoir que ce qui est passé. Ce sont, dans le trajet de la vie, des voyageurs qui tiennent le cabriolet de derrière. Ils ne regardent jamais devant eux.

Je vais vous surprendre, grand prince, sublime clarté de l'Orient; mais ce que je viens de vous dire du ministère fait toute sa puissance. Ses vertus tournant contre lui, il faut bien qu'il ait quelque part des appuis; et il en trouve dans ses défauts.

Sachez que les ministres sont ici à la tête de tous les mécontens de la contrée. Ils tiennent les rènes pour le compte des factieux. Quiconque aime le gouvernement et révère les lois, est à leurs yeux un implacable ennemi. Quiconque veut tout renverser au plus vite est leur allié fidèle. C'est ce qui m'avait trompée d'abord. Je n'ai vu que les propriétaires, les marchands, les manufacturiers, les artistes, les écrivains, les savans illustres, les jurisconsultes, les magistrats, les chefs de l'armée et des conseils, les représentants héréditaires de toutes les gloires de la monarchie, tous, amis du repos, jaloux de la paix publique, fatigués de révolutions, n'ayant point à y gagner, et par suite ennemis du ministère, ennemis des bouleversemens qu'il médite et prépare. Je l'ai dès lors supposé tout seul : c'est une erreur qui n'a que trop d'excuses. Toutes ces combinaisons ne s'étaient pas encore vues sous le soleil.

De leur côté les factieux de ce pays ont un caractère tout-à-fait nouveau. Ces factieux sont des vieillards, des spectres, des ombres. La jeunesse ne parle que de conserver. C'est la caducité qui brûle de détruire, qui demande en toussottant que le présent soit abattu sans miséricorde, qui dresse sa béquille pour renverser l'édifice des lois. Pardonnez-lui cette fougue bizarre. Il ne s'agit point d'un avenir inconnu à créer. C'est vers le temps passé qu'on prétend faire voile, tandis qu'on a encore le souffle et la pensée. Tout se réduit à ceci, qu'on voudrait revenir au temps où tous les hommes avaient vingt ans, où toutes les femmes, entre autres vertus, avaient celle d'être jolies ; et, comme cet âge d'or s'accomplissait pour les anciens d'aujourd'hui, au siècle de Louis XV, c'est le règne de Louis XV que les novateurs cacochymes envient. Leur ambition ne va ni plus haut, ni plus loin ; au risque de verser dans les poëmes de Voltaire ou dans le parc-aux-cerfs, les moralistes du parti dirigent avec ardeur leurs coursiers haletans vers ce dernier terme du bonheur et de la dignité d'un grand empire ; l'administration de madame de Pompadour est leur république de Platon.

Ainsi le ministère marche environné de tout ce qu'il y a de têtes à perruques, qui s'en prennent au siècle de n'avoir plus de dents ; ajoutez tout ce qu'il y a de trapistes et de capucins morts autrefois, ou leurs revenans. Tout cela fait une armée de figures de Curtius, et comme il n'y aurait pas moyen de dompter avec de telles troupes la France tout entière unie, d'abattre des générations qu'exaspèrent, que rendront à la fin violentes et subversives ces brutales inimitiés, le ministère appelle à son secours la faim, la peur, la cupidité, l'ambition, l'hypocrisie surtout, l'hypocrisie qui allaite le fanatisme encore au berceau, mais en bon chemin de croître et de prospérer. Ceci est la partie morale de sa puissance.

Ce sont là des étais quelque peu inquiétans pour qui s'y confie. Les gens de cour, par exemple, et en général les gens de cœur qui tenaient une place dans l'ancien ordre de choses, n'ont pu se complaire à figurer dans ce cortège ministériel ; ils trouvent dans le régime que la Charte a créé de plus dignes alliances et de plus nobles refuges. Aussi n'entend-on parler à Saint-Cloud qu'un langage d'opposition qui fait frémir. M. de Villèle et ses deux porte-croix, les comtes Corbière et Peyronnet, n'ont pas le don, malgré tous leurs sacrifices, d'enchaîner à leur char les débris de la vieille aristocratie, ni de les charmer. On a vu ces débris, en deux grandes conjonctures, dans un coin de la Bretagne et dans une des capitales du midi, s'unir comme pour lier encore la Vendée au camp de Jalez, et arborer les couleurs opposées au ministère ; mémorable exemple d'ingratitude, nouveau et frappant témoignage de ce que l'intérêt personnel peut sur les hommes ! Ils abandonnent le ministère en foule, parce qu'il y a de l'autre côté plus d'avenir et plus d'honneur ; parce que ce malheureux ministère a eu son manteau lacéré dans les tourniquets, criblé de démentis, usé dans l'achat des journaux et des consciences, percé de part en part par l'épée à deux tranchans de la censure, ils l'abandonnent à son destin inévitable, oubliant que c'est pour conquérir leur amitié qu'il abjura leur estime, que c'est pour rétablir l'ancien régime qu'il a d'abord abattu la morale. Ne fallait-il pas déblayer le sol ?

Le ministère n'était pas tenu de prévoir ces défections ingrates, aussi ne les avait-il pas prévues. Mais il prévoit maintenant que l'exemple gagnera ; les fonctionnaires publics mêmes ne sont pas assurés. Les roseaux répètent hardiment que les trois Midas du conseil ont des oreilles d'ânes. Tout est perdu dès lors. Et il fait beau entendre les accens plaintifs de la trésorerie. C'est l'antre du prophète qui chantait les douleurs de Sion. M. de Rothschild, qui n'est pas Français, en a le cœur brisé ; et ici personne ne s'émeut. Ah ! l'administration avait bien raison de faire dire à la France, par l'organe d'un membre de ses conseils, qu'elle était une nation féroce : rien ne l'attendrit.

C'est d'abord un malheur irréparable que la découverte, faite par la foule, de l'importance à laquelle tout le monde peut prétendre en s'éloignant du troupeau ministériel et des six boucs de mauvaise apparence qui marchent à sa tête. Là vous brouttez l'herbe perdu dans la foule ; vous disparaissez dans la poussière ; vous êtes officiellement destitué du libre arbitre, et n'avez encore la parole que pour bêler uniformément la clôture. Tout cela, c'est vertu ou spéculation; mais il n'y a point de gloire. Et au contraire vous redressez-vous sur vos pieds de derrière pour braver vos guides? Leur faites-vous une guerre hautaine? vous redevenez un homme; on dirait Nabuchodonosor reprenant sa forme première. Il suffit que vous ayez de l'esprit et de l'honneur comme M. Gauthier, ou bien M. de Beaumont, ou bien M. de Preyssac, ou bien M. de Leyval, ou bien MM. de Noailles, ou bien M. Hyde de Neuville, pour qu'on vous écoute et qu'on vous applaudisse. Alors les villes vous reçoivent sous des arcs de triomphe ; les sérénades vous endorment au doux concert de la reconnaissance publique; les départemens vous consultent et vous respectent. Vous êtes une puissance devant laquelle M. le préfet décrit une courbe de 90 degrés comme devant un soleil levant, tandis que l'humble député, fidèle à la reconnaissance et à l'amitié, fidèle à ses devoirs, fidèle au mandat qu'il reçut de la Trésorerie, rentre à petit bruit dans sa ville natale, se glisse inaperçu au travers de la sérénade ennemie, se fait humble devant la foule comme devant une Excellence, pour dérober sa venue furtive à des concitoyens indignes de lui ; enfin, tandis qu'il végète oublié dans tout l'intervalle d'une session à l'autre, ne dîne en ville qu'à la préfecture, et ne reçoit d'ordinaire de M. le préfet qu'un ou deux dixièmes au plus de l'inclination dont il salue son pouvoir. Pourquoi, direz-vous, le ministère n'arrange-t-il pas aussi des triomphes et des concerts à ces courageux régulateurs du budget, qui sont pour lui de fidèles gardes-du-corps? Pourquoi, bon prince? C'est que pour faire un civet, il faut d'abord un lièvre, comme disait très-bien le feu roi. Supposé qu'ici la bête ne manquât point, on n'aurait point encore la sauce : on n'aurait ni musiciens, ni assistans.

Le peuple du ministère porte une robe qui n'est point de mise dans les bals et dans les fêtes. Tous les sentimens et toutes les bienséances seraient blessés s'il fallait voir les trapistes, les visitandines, les capucins danser dans les rues pour faire honneur à l'un de leurs mandataires; les jésuites se prêteraient peut-être à ces ovations pour la plus grande gloire de Dieu; mais ils ne se montrent pas encore, afin de n'être pas comptés. Resterait donc les chantres et le serpent du lieu pour faire orchestre, et les gendarmes pour faire foule. Cette dramatique naïveté a été essayée dans une ville de l'ouest. L'honorable membre pensa en mourir, et depuis en effet il est décidément mort. Ce galant homme crut qu'on venait lui demander compte de quelques bizarreries de son élection. Président du collège, sa mémoire timorée lui reprochait de n'avoir pas eu assez d'application à épeler les bulletins. Quand il vit la maréchaussée venir à lui, il se mit à crier, la tête perdue : « Foi « d'homme de bien, il n'y en avait que dix faux « dedans, que cent soixante véritables dehors; « et j'ai bien lu, la moitié du temps. »

Vous voyez, illustre Pacha, comment on est venu à ce point que toute considération, toute renommée, toute puissance, tout éclat, soient désormais le prix des déserteurs. Ces biens sont assurés à qui passe sous le drapeau de la France, et veuillez songer que c'est ici par-dessus toute chose une terre de vanité.

De là, des embarras dont votre sublimité n'a point d'idée. Quoique je reconnaisse M. de Villèle pour un savant homme, il aurait besoin du renfort de quelques-uns de ces Indiens si habiles à dévorer des couleuvres et des épées, à marcher sur des charbons ardens, à escamoter des oranges, et à faire mille tours. Envoyez-lui une paire de ces collaborateurs utiles, et qui sait si votre altesse n'aura point la gloire de l'avoir sauvé !

Vous n'ignorez pas qu'il y a ici deux divans nationaux, qu'on appelle les Chambres, et dont

le suffrage est indispensable aux visirs, comme le
balancier aux acrobates, pour se maintenir debout
sur la corde du pouvoir. Or, comme ici rien ne
ressemble à ce qui se passe depuis le déluge dans
le reste du monde, c'est la Chambre haute, la
Chambre aristocratique, la Chambre héréditaire
qui a la faveur du pays. La Chambre populaire est
de beaucoup la plus impopulaire des deux, et
cette bizarrerie tient à ce que cette Chambre
veut ce que le peuple ne veut pas, tandis que
celle qui a été instituée par la Couronne n'ac-
cepte pas les trois quarts du temps ce que la Couronne propose. Le mot de cette longue énigme
est ceci : Dans l'une se pressent les hommes d'état,
attachés à tout conserver hormis le triumvizirat
qui veut tout détruire, et on craint que l'autre
ne prête l'oreille aux vœux de ces brouillons sur le
retour de ces révolutionnaires à petit collet, de
ces Catilinas en vertugadins et en paniers, qui
veulent changer tout, même les cimetières.

Ce sont une centaine de voix qui font dans
l'assemblée élective la force du ministère. S'il
en exporte la moitié dans l'assemblée héréditaire,
il est perdu; il est perdu, s'il ne les exporte
pas.

Dans le premier cas en effet, il se donne six
mois de vie au Luxembourg. Mais soixante nou-

velles élections à faire pour remplir le palais Bourbon équivalent à soixante coups d'étrivières que lui appliquerait la France. Elle n'irait pas de main morte dans ce knout électoral : il serait perdu.

Il a promis à cent cinquante personnages, dont on sait les noms, de leur donner la pairie comme on passe un bail de servitude. Il est perdu s'il tient parole ; car les anciens pairs seront indignés de cette profanation. Il est perdu s'il ne la tient pas ; car les amis bafoués se vengeront de cette injure, en reconnaissant enfin que nul engagement ne lie à qui n'en respecte aucun.

Vous penserez qu'il pourrait laisser aller les choses leur vieux train , se borner l'année prechaine à demander le milliard, donner des diplomes de pairs *in petto* pour tenir ses amis en aise et santé , puis voir venir le temps. Impossible , bon prince ! car après la colossale balourdise de la censure, s'il ne proposait point de remèdes définitifs au mal que doit pallier ce funeste topique , il deviendrait la risée de la France et serait perdu. S'il ne donnait point de nouveaux gages, des satisfactions nouvelles à la coterie des démolisseurs, elle lui retirerait son égide puissante, et il serait perdu.

La question des intérêts privés n'est pas plus facile à mener à bien que celle des intérêts publics. Car, dans une affaire de pairie, M. de Villèle n'a pas voulu tenir les promesses du noble duc de Richelieu, scellées d'un seing auguste ; et dès lors personne n'ose croire que les siennes fussent tenues de son successeur. Cette ingénieuse malice contre la mémoire de l'illustre duc se trouve ainsi, par cette fatalité fidèle, tourner contre lui-même ; et un personnage que j'oserais appeler la Girafe des gens d'esprit, puisqu'on m'a comparée à lui en me louant d'avoir exactement deux fois sa taille, l'honorable comte Beugnot se trouve protéger de sa grande ombre le camp de l'opposition. Le souvenir de sa déconvenue sert ce camp ennemi plus que la puissance de son talent ne sert le ministère ; et graces à lui encore, ce ministère malencontreux est perdu.

Le problème est ceci : trouver le moyen de proposer des lois subversives, et de n'en proposer aucune ; de faire pairs tous ceux qui ne le sont pas encore, et de ne point irriter tous ceux qui le sont déjà ; de jeter le bataillon sacré dans le Luxembourg, et de le garder au Palais-Bourbon...... C'est la pierre philosophale à trouver.

L'inépuisable comte de Villèle a, dit-on, proposé un tour merveilleux ; c'était de porter les grandes lois d'abord à la Chambre élective, puis de les envoyer à la Chambre haute, comme des drapeaux que les grenadiers entourent, sous l'escorte et sous là garde des honnêtes gens qui les auraient votées une première fois comme députés, qui les voteraient une seconde fois comme pairs du royaume. A cette proposition, l'évêque d'Hermopolis s'est écrié avec étonnement : *Bis in idem ?* M. de Corbière, réfléchissant, a murmuré : *Bis in idem !* M. le garde des sceaux, ravi d'une découverte si belle, a dit avec sa voix tonnante : *Bis in idem.* Le chef du conseil pria ses collègues de parler français, pour sa commodité, et on assure que, depuis leur explication, il va répétant partout : *Bis in idem !* comme, après une discussion fameuse du Parlement d'Angleterre, il plaçait dix fois par séance dans ses discours les mots de *casus fœderis*, en les prononçant de manière à dérider, bon gré mal gré, les douze députés du centre qui savent le latin.

Je n'ai pas besoin de vous dire que la proposition n'a pas eu de suites sérieuses. Mais enfin cette bouffonnerie a couru.

M. le vicomte de Bonald proposait, assure-t-on, un autre expédient, malheureusement tout aussi impraticable. Ses collègues de la censure étant de droit en vacance pendant les sessions, il pensait qu'on pourrait les installer, dans l'intervalle, sur les fleurs-de-lis ; S. S. les eût conservés à ses côtés. Mais, à tout prendre, il est plus facile à un noble pair de descendre jusqu'à eux qu'au ministère de les élever si haut; et puis la censure n'est pas un monstre aux cent bras. C'est à grande peine que six Decius se sont trouvés pour se jeter à corps perdu dans le gouffre de ce saint-office ministériel. Et que seraient M. Pain ou même l'auteur de *la Gastronomie* pour alimenter le parti ministériel? M. de Villèle n'en vivrait pas deux jours de plus.

Déplorable condition que celle des hommes qui se dévouent à gouverner les empires! Après sept années de travaux désintéressés, de veilles, de sueurs, de chagrins amers, le triumvizirat voit armés contre sa gloire les cités, les comptoirs, les cours, les chambres, un royaume tout entier! Cent hommes leur demeurent, ames damnées de l'honneur et de la fidélité, vertueuse cohorte qui ne se soumet pas à déserter ses chefs dans les adversités de la puissance ; et ces cent hommes, il ne sait dans quel bassin les porter pour tenir en équilibre la balance à laquelle sont attachés ses desseins ! Il n'y a pas d'exemple dans l'histoire d'une telle perplexité. Si je n'en étais pas attendri, je croirais faire partie de ce peuple féroce ; je croirais n'avoir pas d'entrailles.

M. de Villèle paraît songer à frapper quelques

coups décisifs sur son ministère pour se tirer de peine, comme on jette le plomb et le sable à la mer dans les temps d'orage. Il se séparerait enfin d'un ou deux collègues qui étaient pour lui la queue de chien d'Alcibiade, en détournant sur eux les sarcasmes du peuple d'Athènes. Quelque chose de plus grand serait appelé à son aide, et, oserai-je le dire, comme ma présence a distrait quelque peu les esprits du coup d'état de la censure, peut-être ne serait-on pas éloigné de compter sur moi encore pour couvrir M. de Villèle de mon grand corps et le faire oublier aux Français.

Je commence à penser que la destination de la girafe n'a pas été bien saisie. On a dit : elle a l'épine dorsale inclinée et ne peut porter des fardeaux. Elle est sans armes et ne saurait combattre. A quoi donc est-elle bonne? je réponds que Dieu n'a rien fait d'inutile, et que, puisque nous ne sommes pas propres à autre chose, c'est que nous sommes faites pour administrer les états. On n'y avait pas songé encore ; mais évidemment toute autre ressource est usée. Il faudra essayer de nous.

Nous serions des gens en place accomplis. Nous avons la tête haute, et le regard assuré. Nous portons au vent. Foulant à nos pieds, comme je l'ai fait voir à Lyon, tout ce qui trébuche, gens du peuple, savans, préfets, et autres, nous ne nous abaissons pas jusqu'à chercher terre à terre notre vie. Nous ne broutons que les cèdres et les palmiers. Voilà pour les vertus et la représentation.

Quant aux talens, en Égypte, bon prince, les vizirs que j'ai vus pouvaient me rendre timide. Ceux de ce pays m'enhardissent par leurs infortunes. Des revers plus grands ne sont pas à craindre, et, sans vanité aucune, je suis bien sûre que si le *Moniteur* apprenait un matin aux Français que j'ai reçu le porte-feuille au lieu et place de ceux qui l'ont en main, le royaume serait le lendemain couvert de feux de joie. Et alors quelle gloire pour l'Égypte de m'avoir donnée à la France. On dirait encore :

Tradidit Ægyptus.......

Mes conjectures se fondent moins sur ce que je me juge que sur ce que je me compare. Je connais incontestablement mieux la France que le ministre des affaires étrangères. Si je n'ai pas, comme M. le ministre de la guerre, appris dans la maison de Sa Majesté Catholique, le roi Joseph Napoléon Ier, à méditer sur les besoins de la légitimité française, je n'ai pas non plus de monomanies étrangères, de prédilections prussiennes, et je ne croirais pas devoir tenir la main à ce que la plume de coq allemande fût arborée sur le chef de tous mes gens de guerre, en même temps que sur les mairies et les clochers de nos frontières du nord. Je ne parerais mon front que de la cocarde blanche, et, Dieu merci! on verrait de loin mon panache ; j'ai incontestablement sept pieds de plus que M. de Clermont-Tonnerre. J'ai les formes plus élégantes, le tact plus fin, et, si l'on peut parler ainsi, le cuir moins épais que le ministre de l'intérieur. Quant à l'évêque M. d'Hermopolis, l'éloquent prélat est à moitié Égyptien, et par son siège épiscopal, et par ses soins paternels pour les écoles et les mosquées que vous élevez en France: nous nous entendrions parfaitement ensemble. Reste M. de Villèle : Il est également difficile d'entrer au conseil avec lui et sans lui. Il tient au ministère comme à ses vieux habits, et préférerait mille fois perdre la monarchie que son portefeuille. D'un autre côté, il est bien usé, bien inconsistant, bien... bien... pour lui associer ma fortune jeune et pure. J'y songerai.

Cependant, si je ne viens au secours de l'administration, personne n'aura cette charité. M. de Martignac seul pourrait tenter l'aventure. Mais, comme disait mylady Fairfax, il a trop d'esprit pour se mettre là-dedans ; il a aussi trop d'esprit pour que M. de Villèle l'y désire.

'Moi, au contraire, je satisfais à tout. Sans compromettre la supériorité du président des conseils, j'aurais un succès fou ; mon grand air charmerait ; ma démarche imposante ferait merveille : c'est de l'ancien régime. M. de Chabrol devient incommode avec ses perpétuelles améliorations coloniales. M. de La Bouillerie brouillera tout avec ses économies ; le garde des sceaux embarrasse par ses jeunesses de tribune. M. d'Hermopolis a du talent ; M. de Villèle de son côté baisse à vue d'œil ; il est monotone : il y a sept ans qu'on sait tout ce qu'il va dire. Je n'ai aucun de ces inconvéniens contraires. Quand je m'avancerais vers la tribune, on crierait la clôture. Quand je ferais un signe de tête pour le vote par assis et levé, on le verrait de loin, et il n'y aurait pas d'hésitation dans les consciences : le couteau d'ivoire de M. de Villèle est trop petit ; il peut échapper aux regards distraits par de douces influences quand les orateurs du ministère viennent d'occuper la tribune. Avec moi enfin, le gouvernement représentatif qu'on rêve pour ce pays serait complet. Je suis le dernier ressort qui manque. Espérons.

Et ne craignez point qu'une vaine jalousie de métier trouble le cours de mes succès, que l'envie jette personne dans l'opposition. Vous n'avez pas l'idée du dévouement lacédémonien de ce monde-ci. Ils sont là trois cents qui, en 'me voyant en charge, diraient comme le Spartiate : « Je rends « graces aux dieux que la patrie ait trouvé plus « capable que moi. »

Mes avantages sont infinis. Point n'ai de mœurs décriées et d'alentours compromis. Je défierais qu'on opposât à mes actes mes paroles. et à mes discours mes discours. Personne ne pourrait me vouer au ridicule avec une citation ; je n'ai point été clouée vingt fois sur un banc par des démentis. Je n'ai, que je sache, échoué dans aucune entre-prise. On ne peut me reprocher ni les préjugés étroits d'un gentilhomme à lièvre, ni les étroites habitudes d'un piqueur de nègres, ni la brutalité de manières d'un parvenu de mauvais goût. Enfin, je suis haute comme il faut l'être, sans morgue et sans grossièreté. Je suis polie, ce que cette nation-ci goûte fort ; ce qu'elle ne goûte pas moins, j'aime les savans ; je m'en vois avec plaisir en-tourée, et aucuns d'eux ne m'approchent sans re-tourner contens. C'est accomplir le vœu de Titus.

Un autre immense avantage, c'est qu'avec moi, la liberté de la presse pourrait être rétablie, et la nation y tient comme vous tenez à vos odalisques et à votre trésor. Pourquoi la détruirais-je ? Quelqu'un s'aviserait-il de nier que j'aie douze pieds de haut ? On se moquerait de lui. Quelqu'un me reprocherait-il de n'avoir point cette existence honorable sans laquelle on ne saurait comprendre le sacerdoce du pouvoir? Le mépris ferait justice de l'imposture ; je suis disposée à penser qu'il n'y a que les gens calomniables qui croient au triomphe de la calomnie. Dirait-on que je ne marche point précédée de cette considération européenne, de cette grande renommée qui est indispensable aux ministres d'un peuple, nombreux en beaux génies et en talens éprouvés ? L'argument est fort, je l'avoue ; il m'embarrasse ;..... il m'embarrasserait, si mes devanciers ne m'en défendaient pas. Dirait-on que je n'ai point la capacité voulue dans les affaires? A l'œuvre on juge l'ouvrier! Quand on verrait toutes mes lois adoptées par les Chambres sans que j'eusse créé des places, grossi les pensions, frappé des coups d'état, mis en coupe réglée les libertés publiques, alors......— Mais, comment feriez-vous ainsi passer les lois? —D'une façon bien simple. Je n'en proposerais que de bonnes, et je m'assurerais qu'elles sont telles, en ne m'en rapportant pas à mon mince génie du soin de les concevoir et de les rédiger. Je prendrais conseil des hommes d'état respectés ; puis je laisserais faire le reste au temps, sûr que si

des Chambres s'avisaient de rejeter mes proposi-
tions, non point parce qu'elles seraient mauvaises,
mais parce qu'elles seraient miennes, le public sif-
flerait mes ennemis sans miséricorde. Enfin, et par
dessus tout, je ferais respecter l'initiative et l'au-
torité royales; je ne laisserais point enfoncer une
proposition de la Couronne de deux cent trente
amendemens; et, pour éviter cette insulte, j'aurais
soin que la forme valût le fond, que le style ne
sentît pas trop la Girafe, qu'il y eût simplement
dans la rédaction quelque peu de bon sens.

Ce pays ne veut qu'une chose, c'est qu'on le
laisse prospérer en paix. Ainsi ferais-je. Ma con-
science de Girafe ne se prêterait pas à tourmenter
trente-deux millions d'hommes, pour les con-
traindre d'adopter mes modes et d'entrer dans
mes fantaisies. Quelle pitié si, parce que j'ai douze
pieds de haut, j'allais me mettre en pensée de
réformer ici la ménagerie, de violenter le natu-
rel des habitans divers que le sort y a rassemblés;
si, séduite, dans ma visite au préfet de Marseille,
d'un portrait du roi Louis XV, ou de quelqu'une
de ses maîtresses, je prétendais forcer le lion à
déposer sa riche crinière, le cerf à replier son
branchage, l'onagre même à émonder le luxe de
ses oreilles pour me donner la joie de coiffer tout
ce monde à l'oiseau royal, et d'accommoder, au

gré de mon humeur, la perruche ou la louve, de talons, de mouches, de poudre et de paniers. Un tel caprice ne peut tomber sous le sens qu'à des ministres étourdis de leur rapide fortune, et je ne pardonnerais point à M. de Villèle cette coupable folie, s'il n'y rattachait tout un système, combinaison vaste et profonde que j'essaierai de vous expliquer quelque jour.

Je le ferai dès que mon secrétaire sera de retour d'un voyage qui va l'entraîner loin de moi. Aujourd'hui je me borne à vous envoyer le dernier martyrologe de la censure : en le lisant, vous saurez tout juste ce que le ministère veut dire quand il parle de la licence de la presse. La licence consiste à mettre au jour tout ce que je rassemble dans mon album ci-joint. Je ne suis pas bien sûre que Votre Sublime Pouvoir, illustre Pacha, fût aussi ombrageux ; tant l'adversité, quand elle est à la fois une injustice des hommes et du sort, finit par aigrir les caractères les plus bénévoles et les plus fermes esprits !

Électeurs de France ! il dépend de vous de mettre un terme à cette légitime exaspération du ministère, à ces violences inévitables. Les listes électorales se préparent : ne vous inscrivez pas !

Électeurs de France ! voyez le mal que vous avez fait à trois hommes, en retour de tous les biens qu'ils vous ont voulus. Puissent la reconnaissance et le repentir entrer enfin dans vos ames ! Ne vous inscrivez pas !

Électeurs de France ! portez-vous des cœurs d'hommes dans vos seins généreux ? Avez-vous pitié de l'infortune ? donnez-vous une larme tardive à la désolation du ministère ? voulez-vous lui assurer sept ans de gloire pour compenser sept ans de misères et de mépris ? Ne vous inscrivez pas !

Électeurs de France ! voulez-vous voir le fonds de cette politique ministérielle dont vous n'avez entrevu que les abords ? Voulez-vous connaître et posséder tous les biens que la congrégation vous réserve en partage ? Ne vous inscrivez pas.

Électeurs de France ! en vain les citoyens renommés, les magistrats, les pairs du royaume vous convient. Pensez au ministère et point à vos fils ; à la société de Jésus, et point à la France : ne vous inscrivez pas.

Électeurs de France ! laissez courageusement vos concitoyens, vos proches, vos frères être jurés en votre lieu et place ; laissez le ministère être électeur pour vous : ne vous inscrivez pas.

Électeurs de France ! si la Girafe a semblé vous être chère ; si vous tenez à l'imiter, à vous grandir jusqu'à son niveau par vos mâles vertus,

à mériter dans vos campagnes et vos villes le titre
de girafes civiques, électeurs de France! ne vous
inscrivez pas.

GIRAFE DE SENNAAR.

IMPRIMERIE DE H. FOURNIER,
RUE DE SEINE, N. 14.